AF296243

LES

Origines de l'Abbaye du Bec

Conférence faite au Grand-Séminaire

le 10 janvier 1899

EN PRÉSENCE DE MGR L'ÉVÊQUE D'ÉVREUX

par M. L'ABBÉ PORÉE

Curé de Bournainville, Archiviste diocésain

MONSEIGNEUR,

En venant présider cette réunion tout intime, vous nous donnez un gage bien précieux de l'estime en laquelle vous tenez l'enseignement archéologique qui est donné aux élèves de votre Séminaire. Vous affirmez ainsi l'utilité, je dirais presque la nécessité, pour le prêtre, de ne pas se désintéresser de ces questions qui touchent essentiellement à l'une des choses qu'il doit aimer le plus : le temple de Dieu, sa beauté, son histoire. Permettez-moi, Monseigneur, de vous adresser mes remerciements personnels. Votre présence augmentera singulièrement l'autorité de ma parole. Il me semble que je vais parler quelque peu en votre nom, puisque je vais exposer ici des idées qui sont les vôtres. L'auteur de la *Vie de sainte Austreberte*, de l'*Histoire de Marconne* et d'*Hesdin*, nous a donné mieux encore que des conseils : des exemples. Nous serons heureux et fiers de les suivre.

Messieurs,

Au mois de novembre, votre vénérable Supérieur me proposait, très aimablement, de vous donner une conférence sur un sujet d'histoire ou d'archéologie. « Je voudrais, me disait-il, que nos élèves entendissent quelquefois, en dehors de leurs cours ordinaires, un enseignement qui, tout en ne figurant pas sur le programme obligatoire, ouvrît devant leurs esprits quelques horizons d'études auxquelles ils pourraient revenir avec utilité durant les loisirs de leur carrière pastorale. » Il m'était impossible de me dérober à une aussi aimable invite.

Je n'ignorais pas, Messieurs, que l'archéologie chrétienne est aujourd'hui enseignée et étudiée au Grand-Séminaire et que votre excellent et dévoué professeur d'histoire ecclésiastique, M. Devisse, avec la collaboration de M. Régnier, un maître en archéologie, avait bien voulu se charger de vous initier à cette science qui, Dieu merci, n'est plus regardée comme un hors d'œuvre, une superfétation dans l'instruction cléricale.

Dans une récente lettre pastorale, Mgr l'évêque de Beauvais disait à son clergé : « On a demandé qu'on insérât dans les programmes obligatoires de nos Grands-Séminaires des cours de science sociale, d'agriculture, de droit, de comptabilité, d'œuvres paroissiales et sociales. Résistez, Messieurs, à cet envahissement dangereux. Car, ainsi que le dit Mgr Isoard, la conséquence de ces mesures serait une réduction considérable dans les études théologiques proprement dites. »

Vous avez remarqué, Messieurs, que Mgr Fuzet ne s'est point prononcé pour l'exclusion d'un cours d'archéologie sacrée : il est lui-même un très savant archéologue. D'ailleurs, au Grand-Séminaire, il ne saurait être question de se livrer à une étude approfondie de l'archéologie. Votre temps appartient à une science plus haute et plus indispensable. Mais ce que vous pouvez faire, c'est de vous initier aux éléments de la science archéologique, c'est d'y prendre goût et de vous pénétrer de son utilité, afin d'y revenir un jour avec plus d'insistance et de profit.

Vous me permettrez de rappeler ici un de mes souvenirs. Quand j'étais au Séminaire, il y a quelque trente ans, nous nous trouvions une demi-douzaine qui faisions de l'archéologie pendant les récréations du mercredi, au cours des promenades dans les environs d'Evreux, ou bien encore à la maison de campagne, sous les ombrages du vieux Boulay-Morin. C'était quelque chose comme l'école mutuelle. On lisait de Caumont, on échangeait ses propres idées, ses impressions. Lorsque le but de la promenade nous dirigeait de leur côté, nous nous empressions d'aller visiter les églises de Saint-Sébastien, de Claville, de Caugé, de Sacquenville, de la Bonneville. Aux jours des fêtes pontificales, quand nous nous rendions à la cathédrale, alors c'était comme un ravissement. On priait, on chantait, on assistait avec un enthousiasme recueilli au déploiement des pompes liturgiques, pendant que les bourdons sonnaient à toute volée, ou que l'orgue nous enveloppait de ses ondes harmonieuses; mais souvent aussi l'œil se promenait sous ces voûtes majestueuses, étendues comme un pavillon flottant, s'arrêtait, curieux, devant les éblouissants vitraux du chœur et les clôtures sculptées des chapelles, et admirait les merveilleux effets de perspective qu'on ne retrouve que dans les monuments gothiques. Nous n'étions pas encore des archéologues, mais nous nous sentions la vocation de le devenir.

Certes, nos maîtres ne songeaient nullement à nous détourner de l'étude de l'archéologie chrétienne; mais il faut bien l'avouer aussi, ils ne pensaient pas davantage à nous y encourager.

Il régnait alors dans une certaine portion du clergé, une idée fausse, un préjugé, provenant, je crois, d'une méthode d'éducation trop étroitement calquée sur celle en usage au xviiⁱᵉ siècle, à savoir que l'archéologie n'est qu'une science laïque. Laïque peut-être parce que les prêtres, en s'en désintéressant trop complètement, l'ont abandonnée aux laïques qui la cultivent aujourd'hui avec succès; mais nullement laïque dans son objet qui est l'antiquité sacrée et nos origines chrétiennes. Non, Messieurs, une science à laquelle ont consacré leurs travaux et leur vie, les Mabillon, les Montfaucon, les Pitra, les Gerbet, les Cousseau, les Bourassé, les Garrucci, les Cochet, les Martigny, les Gorini, les Corblet, les Duchesne, les Reusens, les Barbier de Montault, ne saurait être une science laïque; c'est à tous égards une science éminemmemt ecclésiastique.

Aujourd'hui, je vois qu'elle est en honneur parmi vous; j'en félicite et j'en remercie de tout cœur M. le Supérieur et MM. les Directeurs du Grand-Séminaire. Aussi est-ce avec une joie véritable que je me suis vu appelé à parler devant vous; je n'ai point affaire à des profanes, mais à des jeunes gens à l'âme desquels nos églises, nos verrières, nos statues, nos vieux souvenirs historiques parlent un langage qui touche, plaît et fait réfléchir.

M. le Supérieur m'avait très obligeamment laissé le choix de mon sujet, hélas! je n'avais pas beaucoup à choisir. Depuis de longues années mes recherches n'ont guère eu d'autre objet que l'histoire de l'abbaye du Bec. Vous savez l'adage: *Timeo hominem unius libri.* J'ai toujours pensé, à part moi, que ces hommes n'étaient peut-être à redouter que parce qu'ils étaient légèrement ennuyeux. Sous prétexte de profondeur, l'auteur vous fait descendre dans des trous mystérieux, creusés avec art et patience, mais où l'on ne voit pas toujours très clair. L'excursion peut avoir ses utilités; on a quelquefois hâte d'avoir fini.

Messieurs, je serais très heureux que ma conférence, ma lecture, si vous voulez, sur les origines de l'abbaye du Bec, tirée de mon livre unique (car moi aussi, je suis un peu l'homme d'un seul livre), ne vous apportât pas trop d'ennui, mais contribuât à vous instruire en vous intéressant.

I

Il en est peut-être quelques uns parmi vous qui ont visité les ruines de l'abbaye du Bec. A une lieue de Brionne, en suivant les bords de la Rille, on voit s'ouvrir sur la droite un vallon frais et boisé. Un petit ruisseau l'arrose et coule en murmurant à l'ombre de vieux saules. A mesure que l'on avance, on sent que l'on pénètre dans la solitude, dans une retraite pleine de ce calme si propice au recueillement de l'âme et au travail de la pensée. C'est là, qu'au xi⁰ siècle, un bon chevalier d'âge déjà mûr, nommé Herluin, était venu jeter les fondements d'un monastère dont le nom seul éveille les plus glorieux échos de notre histoire normande.

Herluin naquit à Brionne, vers l'an 995. Son père, Ansgot, était un descendant de ces Danois établis avec Rollon après la conquête de la Normandie. Sa mère, Héloïse, appartenait à la famille des ducs de Flandre. Ayant perdu son père de bonne heure, Herluin était entré au service du comte de Brionne, Gilbert, dont il était le vassal. Là, il apprit le métier des armes, carrière obligée d'un jeune homme de condition noble. Il ne tarda pas à conquérir l'estime et l'affection de Gilbert et de ses barons. On se plaisait à remarquer son adresse et son ardeur à manier la lance et l'épée, l'honnêteté de ses sentiments, la sagesse de ses conseils : ensemble rare de qualités qui devait faire de ce jeune homme un chevalier accompli; en sorte que sa bonne renommée lui avait gagné non seulement l'affection de son suzerain, mais encore la faveur de Robert Ier, duc de Normandie.

Herluin avait atteint l'âge de trente-sept ans, dit Gilbert Crespin, son biographe, lorsqu'il sentit la grâce divine toucher son cœur en le détachant de plus en plus du monde. Le bon chevalier fréquentait les églises, priait dévotement, et parfois avec larmes, jeûnait sévèrement et ne paraissait plus que de temps en temps à la cour du comte de Brionne. Les agréments corporels, les amusements du siècle, les armes elles-mêmes n'avaient plus pour lui les charmes d'autrefois. Son suprême désir était de quitter un monde dont il n'avait plus ni les goûts ni les ambitions. Il ne savait pas cependant quel genre de vie il adopterait. C'était chose difficile alors, en Normandie, que de vivre saintement. Le clergé corrompu portait les armes comme les laïques; les Normands, qui avaient importé et conservé beaucoup de leur usages païens, vivaient, comme on disait, à la danoise, « *veterum ritu Danorum.* » Herluin surmonta ces obstacles. Comme il ne pouvait tout d'un coup s'affranchir du service dû à son suzerain, il demeura attaché à la cour, mais changea résolûment sa manière de vivre. Ses longs cheveux, sa barbe inculte, ses vêtements grossiers faisaient le sujet des railleries des courtisans. Sous ces dehors étranges, on ne reconnaissait plus l'élégant chevalier, le bouillant guerrier d'autrefois. Herluin recevait tous ces affronts avec le calme d'une âme fortement trempée; il ne déviait pas de sa route, et comme s'il eût eu soif d'humiliations, lui, chevalier qui avait commandé des troupes, il ne montait plus à cheval et se servait d'un âne.

Cette situation étrange, dans laquelle s'affermissait la vocatton d'Herluin, dura trois ans; elle ne se dénoua que par une crise violente.

Le comte Gilbert, ayant eu à se plaindre gravement d'un de ses compatriotes, chargea Herluin d'aller trouver le duc de

Normandie pour lui exposer, en son nom, ses griefs et plaider
sa cause. Le bon chevalier ne crut pas devoir se faire le com-
plice de la perte d'autrui, et refusa nettement une mission qui
répugnait à sa loyauté. Le comte insiste, presse, menace; Herluin, inébranlable dans sa résolution, quitte la cour. Gilbert
exaspéré fait saisir les biens de son vassal, et va jusqu'à mal-
traiter les pauvres que secourait le pieux chevalier. Cette considération seule décida Herluin à retourner à Brionne et à
découvrir au comte le fond de sa pensée. Il n'eut pas de peine
à se disculper des soupçons que des courtisans jaloux avaient
fait naître dans le cœur de l'irascible seigneur de Brionne;
puis il le supplia de ne point faire peser sur les pauvres et les
malheureux un ressentiment qu'ils n'avaient pas personnelle-
ment mérité. Enfin dans un entretien secret avec le comte,
qui lui demandait où il en voulait venir avec un changement
si étonnant dans sa manière de vivre, Herluin répondit en
pleurant : « En aimant le siècle et en vous servant, j'ai trop
négligé Dieu et mon salut éternel. Tout appliqué aux soins du
corps, je n'ai nullement songé à cultiver mon âme. Je vous en
supplie, si j'ai quelquefois bien mérité de vous, laissez-moi
passer dans un monastère ce qui me reste à vivre. Conservez-
moi votre affection, et donnez à Dieu ma personne et mes
biens. » Gilbert, tout ému de cet aveu, laissa à son tour échapper des larmes, car sous la rude écorce de l'homme de guerre bat-
tait un cœur accessible à la tendresse et à la piété. Il accorda à
Herluin la liberté qu'il demandait, le garda près de lui pendant plusieurs jours, l'entourant de marques d'honneur, et
remit en son pouvoir et à son libre usage sa part de l'héritage
paternel et celle de ses frères.

Herluin possédait, conjointement avec ses frères, une portion de territoire de Bonneville sur le plateau septentrional de
la vallée du Bec. C'est sur la part qui lui appartenait en propre qu'Herluin s'empressa de se construire, en 1034, une
retraite où il se proposait de mener la vie érémitique. Il se mit
sans retard à l'œuvre, creusa des fossés, apporta des cailloux
et du sable, et éleva les murailles de sa cellule. Il ne faisait,
sauf les dimanches et fêtes, qu'un seul repas, et après avoir
travaillé de ses mains tout le jour, il passait une grande partie
de la nuit à prier et à lire le psautier; car, arrivé à près de
quarante ans, il ignorait les éléments des lettres humaines.
Mais l'étude et la grâce divine lui donnèrent bientôt une intelligence admirable des saintes écritures.

On ne peut s'empêcher d'admirer la foi naïve, l'énergique

volonté de ce soldat déjà vieilli qui se fait moine, qui n'a jamais peut-être ouvert une règle monastique et veut être profès avant d'avoir été novice. Dans le but de s'instruire et de s'édifier, Herluin prend le parti de visiter quelques abbayes ; une vocation moins assurée que la sienne aurait succombé à l'épreuve qui lui advint.

Il s'en va, l'âme remplie d'aspirations pieuses, frapper à la porte d'un monastère voisin, comme à la porte du paradis. Il lui semble qu'il va être témoin de la paix, de la gravité monastique qu'il soupçonne, mais qu'il ne connaît pas encore. Le frère portier, augurant mal de son extérieur misérable et le prenant pour un voleur, le saisit vivement à la gorge et le traîne par les cheveux jusqu'au dehors. Son humilité profonde l'empêcha de se révolter contre cette violence imméritée, et il se retira. Comme les fêtes de Noël approchaient, dit encore son biographe, Herluin se dirigea vers une autre abbaye de grand renom. Le spectacle qui l'attendait n'était pas encore de nature à rassurer son âme. Il vit, à la procession solennelle, les moines, revêtus de riches ornements, se bousculer à l'entrée de l'église, converser bruyamment avec les laïques, se faire admirer d'eux sous leurs chapes aux couleurs voyantes. Un moine, jaloux sans doute des succès de l'un de ses confrères, le frappa brutalement d'un coup de poing et l'envoya rouler la face contre terre. Le vieux sang danois bouillonnait toujours dans les veines des moines Normands, et l'on imagine que c'était une rude besogne aux abbés de leur faire pratiquer la maxime de Notre-Seigneur : « Apprenez de moi à être doux et humbles de cœur. » Attristé de ces violences, Herluin ne s'éloigna cependant pas. La nuit suivante, lorsque les religieux se furent retirés après le chant des matines, il se cacha dans un coin de l'église pour prier, et bientôt il aperçut un moine qui, se croyant seul, se mit en oraison, tantôt à genoux, tantôt prosterné, et demeura dans cette attitude jusqu'au jour. La ferveur de ce vrai religieux fit oublier à Herluin le scandale de la veille. Il n'avait peut-être pas rencontré tous les prodiges de ferveur qu'il espérait voir ; du moins il avait compris que la grande œuvre du moine, c'était la prière ; et il revint à sa solitude, l'esprit rasséréné et le cœur affermi.

En embrassant la vie solitaire, Herluin n'avait songé qu'à travailler plus efficacement à son salut, et son biographe ne dit pas qu'en s'établissant à Bonneville il ait eu, tout d'abord, l'intention de fonder un véritable monastère. Mais sa conversion et sa retraite avaient eu un certain retentissement.

L'abnégation, l'austérité de sa vie ne tardèrent pas à attirer près de lui quelques hommes désireux d'une existence plus pure et plus calme que celle du siècle. Les noms de ces ouvriers de la première heure, qui vinrent s'associer aux travaux d'Herluin, nous ont été conservés; voici les dix premiers, d'après la Matricule des religieux du Bec : « Dominus abbas Helluinus, Vualterius, Herveus, Baldricus, Rocelinus, Goselinus, Gausbertus, Hugo, Drogo, Rogerus, Adam. »

La modeste chapelle bâtie par Herluin fut dédiée, en l'honneur de Notre-Dame, le 24 mars 1035, par Herbert, évêque de Lisieux; en même temps, il lui conféra le sacerdoce et le mit, en qualité d'abbé, à la tête de ses frères qu'il devait diriger selon la règle de saint Benoît. L'ancien chevalier fit une longue résistance avant d'accepter cette charge; il s'était fait moine pour travailler et prier, et non pour commander à d'autres religieux. Mais comme personne n'eût voulu se charger d'une aussi pauvre communauté, Herluin dut se résigner à accepter.

Son biographe, Gilbert Crespin, a tracé un tableau touchant de la vie des premiers moines du Bec. « Herluin, dit-il, dirigeait ses religieux dans la pratique de la règle étroite des anciens pères. Vous auriez vu, l'office de l'église terminé, l'abbé portant sur son épaule le grain de la semaille, à sa main le rateau ou le hoyau, conduire ses moines au labourage, et tous les religieux se livrer aux travaux des champs jusqu'à la tombée de la nuit. Les uns défrichaient les broussailles et les épines; les autres charriaient du fumier; ceux-ci sarclaient, ceux-là semaient; nul ne mangeait son pain dans l'oisiveté. Chacun se rendait à l'église aux différentes heures de l'office. La nourriture quotidienne consistait en pain de seigle et en légumes cuits à l'eau et au sel, et encore l'eau dont on usait était-elle bourbeuse, car il n'y avait de sources qu'à deux milles de là. C'était un bienfait du ciel, disaient les moines, quand on leur apportait de meilleur pain, du fromage, ou quelque autre mets. Mais l'exemple de la sollicitude du maître ôtait tout prétexte aux murmures. Herluin, ouvrier infatigable, était le premier et le dernier au travail. Sa noble mère ellemême s'était vouée, pour Dieu, à un semblable esclavage; elle faisait à l'abbaye l'office de servante, lavant les vêtements des serviteurs de Dieu, ne reculant jamais devant les durs labeurs qui lui étaient imposés. »

Dieu par une rare protection conserva longtemps à son

fils et aux religieux cette sainte femme qui pour eux tous était une mère. Un jour qu'elle faisait cuire le pain, le feu prit au bâtiment du four et le consuma entièrement. Herluin crut que sa mère avait péri dans les flammes; mais à l'étonnement de chacun elle reparut saine et sauve.

Après quelques années passées à Bonneville, au milieu de privations et d'incommodités excessives, dont la principale était le manque d'eau, Herluin crut agir avec prudence en transférant son monastère naissant sur un petit terrain qui lui appartenait à l'entrée de la vallée du Bec. Certes, ce n'était ni la richesse du sol ni le bien-être qui l'attiraient. Il y avait là trois moulins; sur l'un, il n'avait rien à prétendre, des deux autres, il ne possédait que le tiers; le terrain environnant était des plus restreints : les côteaux, couverts de bois impénétrables, servaient de repaire aux loups et aux sangliers. Le changement n'offrait qu'un avantage réel : la proximité du ruisseau du Bec. Comptant sur la vieille amitié du comte Gilbert, Herluin lui demanda un petit coin de sa forêt de Brionne; quant à ceux qui possédaient une part des moulins ou les terres environnantes, ils les vendirent ou les donnèrent en pure aumône aux religieux. Cela se passait vers l'année 1039.

Deux ans après que la communauté se fût établie à l'entrée de la vallée, l'église était déjà terminée; elle fut consacrée par l'archevêque de Rouen, Mauger, le 23 février 1041. Le cloître, porté par des piliers en charpente, était également achevé. Mais, soit que cette dernière construction fût trop légèrement bâtie, soit pour tout autre cause, pendant une nuit, elle s'écroula. Les religieux, un instant découragés, se remirent à l'œuvre, et cette fois construisirent un cloître en pierre. Ces travaux nécessitaient de grandes dépenses qui dépassaient de beaucoup les faibles ressources du monastère. Forcé d'aller au loin recueillir des aumônes, Herluin s'absentait parfois longtemps, et les religieux, laissés à eux-mêmes, sans chef pour les conduire, se querellaient entre eux. Les fonctions d'abbé n'étaient exemptes ni de fatigues ni de périls. Il fallait assouplir et façonner ces hommes grossiers, quoique pleins de foi, capables de grandes choses, mais excessifs en tout, dans la brutalité comme dans la pénitence, impatients, et souvent rebelles au joug. Ce qu'Herluin avait vu dans les deux monastères dont nous avons parlé plus haut, permet de juger ce qu'était la plupart des hommes parmi lesquels se recrutait le personnel des cloîtres; assemblage bizarre de foi sincère et de superstition, de docilité enfantine et de dureté farouche, de licence et de dévotion. Herluin pouvait-il tout seul discipliner, dominer, instruire surtout ses nombreux religieux? Fort peu lettré, du moins à ses débuts, à peu près étranger au régime monastique tel qu'il était alors en vigueur dans les grandes abbayes bénédictines, il devait avoir parfois de terribles scrupules en relisant les nombreux devoirs que la règle de saint Benoît impose aux abbés. Herluin voyait le mal et ne savait trop comment y remédier. La pauvreté de son monastère l'appelait au dehors, et la régularité de sa communauté eût exigé sa présence continuelle. Souvent il demandait à Dieu de lui donner un auxiliaire pour le soutenir dans ces rudes épreuves. Il le disait plus tard à Lanfranc : « Que de fois je m'adressai à Dieu en gémissant; que de fois, en versant d'abondantes larmes, je suppliai sa divine miséricorde de m'envoyer un homme dont les sages conseils pussent m'aider à réformer ce lieu, et à faire, pour l'instruction des moines, toutes les volontés de Dieu ! »

Sa prière allait être exaucée au delà de toute espérance par l'arrivée d'un inconnu, italien d'origine, qui apportait à l'œuvre d'Herluin l'appui décisif de sa profonde piété et de sa science prodigieuse.

Au commencement du xie siècle, Pavie et Milan se disputaient la primauté dans le nord de l'Italie. Fière d'avoir servi de résidence aux rois lombards, également éloignée des Alpes de Suisse et des Alpes de Ligurie, maîtresse du passage du Tésin, assise au centre d'une admirable vallée renommée pour sa fertilité, au croisement de toutes les routes, Pavie pouvait justement alors disputer à Milan la qualité de ville maîtresse de la plaine lombarde. C'est dans cette ville que naquit Lanfranc, aux environs de l'an 1005. Son père, Hambald, était un des magistrats charger de veiller à la conservation des lois et privilèges de la cité.

Lanfranc était jeune encore quand il perdait son père. Il semble que dès son enfance il était destiné à recueillir la succession de la charge paternelle; son éducation fut, dès le principe, dirigée dans ce sens; et parvenu à l'âge où l'enfant prend le sentiment de la responsabilité, pour mieux se rendre digne de cet honneur, il tourna vers l'étude toute l'activité de son esprit. Après avoir quitté Pavie, il y revint au bout de quelques années, y enseigna le droit, et même la grammaire et la dialectique. Combien de temps cet enseignement dura-t-il? Le biographe Miles Crespin ne le dit pas; il nous apprend seulement que Lanfranc, prenant une résolution soudaine, quitta l'Italie et passa les monts à une date que l'on peut placer à l'année 1041 ou 1042.

La France exerçait sur les pays voisins une influence et une sorte d'attraction qui ont été plus d'une fois remarquées. Le mouvement littéraire, imprimé par l'action puissante de Charlemagne, se poursuivait par les soins de l'épiscopat et de l'ordre de Cluny. Les écoles de Lyon, de Reims, de Tours, de Poitiers, d'Angers, de Chartres étaient célèbres. Evidemment, c'était l'amour de la science qui amenait Lanfranc sur le sol français; il n'y venait pas seul. Son biographe nous dit qu'il était accompagné d'une caravane d'élèves du plus grand nom. Lanfranc vint en Normandie et s'arrêta à Avranches où il enseigna pendant quelque temps avec d'éclatants succès. Ses triomphes littéraires ne parvinrent pas à l'enivrer; il sentit bientôt toute la vanité de la gloire. Peu à peu ses pensées se tournèrent vers Dieu; l'humilité éclaira son âme sur le vide de la renommée humaine, et il prit le parti de quitter un pays où les lettrés le comblaient d'honneurs. La fièvre de l'inconnu tourmentait Lanfranc; il savait bien ce qu'il voulait fuir, et il marchait devant lui, ignorant le but qu'il devait atteindre.

D'Avranches, il se dirigea vers Rouen. Comme il approchait de la rivière de la Rille, des voleurs l'attaquèrent à l'improviste, se saisirent de sa personne et l'emmenèrent dans la forêt voisine. Furieux de voir que leur victime ne portait rien de précieux, ils l'attachèrent à un arbre, les mains liés derrière le dos, et lui ayant rabattu son capuchon sur la figure, ils s'éloignèrent. L'angoisse, l'isolement, le silence effrayant de la nuit firent faire à Lanfranc d'amères réflexions; c'était une mort affreuse qui l'attendait au bout de cette lugubre aventure. Il voulut prier; mais il eut bientôt épuisé tout ce qu'il savait de formules liturgiques. Sa dernière prière fut un vœu : Seigneur, s'écria-t-il, j'ai passé bien du temps à m'instruire; j'ai fatigué mon esprit et mon corps à l'étude, et je n'ai pas encore appris à vous prier; j'ignore le tribut de louanges qu'il convient de vous adresser. Délivrez-moi de cette angoisse, et avec le secours de votre grâce, je m'appliquerai à corriger et à ordonner ma vie de manière à savoir et à pouvoir vous servir. » A l'aube, Lanfranc entendit à quelque distance les pas de plusieurs voyageurs qu'il s'empressa d'appeler à son secours. Ceux-ci, attirés par ses cris, s'approchèrent et détachèrent ses liens; puis, comme Lanfranc les priait de lui indiquer le plus pauvre monastère qui fût dans les environs :

« Nous ne saurions, dirent-ils, vous en indiquer un plus pauvre que celui qu'un homme de Dieu bâtit dans le voisinage. »
Et ils lui montrèrent le chemin qui conduisait au Bec.

Lanfranc se mit incontinent en route. Arrivé au Bec, il
trouva Herluin occupé avec quelques moines à reconstruire
le four à pain. Il s'informe où est l'abbé. « C'est moi ! » répond
un religieux travaillant à l'intérieur du four, « Que voulez-
vous ? » — « Je voudrais me faire moine, si telle est la volonté
de Dieu et la vôtre. » — « Etes-vous clerc ou laïc ? » demanda
Herluin. « Je suis un clerc écolier, d'origine italienne, et je
me nomme Lanfranc. » Alors l'abbé, à qui Dieu avait peut-
être fait connaître intérieurement quel était cet homme, ou
qui avait entendu parler de ses talents, s'inclina et lui dit :
« Au nom du Seigneur, je vous reçois. » Aussitôt, l'étranger
se prosternant voulut lui baiser les pieds, mais l'abbé s'y refusa,
et lui donna sa main à baiser, et le nouveau venu, quittant sa
cape, se mit à travailler au four avec Herluin et ses moines.
Le temps du travail terminé, l'abbé revint vers ses frères et
leur fit part des désirs de Lanfranc. Du consentement de tous,
il l'admit régulièrement dans la communauté, puis il lui donna
à lire le livre de la règle. L'ayant lue, Lanfranc déclara qu'il
l'observerait volontiers tout entière, et quelques jours après,
il confirmait définitivement ses projets en faisant profession.
Son vœu était accompli, il était moine du Bec.

Herluin, on l'a vu, n'était pas un savant docteur; mais ce
qu'en ont dit ses biographes peut le faire regarder comme un
homme richement doué de jugement, d'intuition, de sens pratique. Il ne lui fallut pas longtemps pour apprécier le mérite
éminent du nouveau venu, et comprendre que Dieu lui avait
enfin envoyé l'aide qu'il demandait depuis si longtemps. A lui
l'action, à Lanfranc la parole. Il s'humiliait intérieurement
de voir soumise à son autorité l'intelligence d'un tel docteur,
et il traitait Lanfranc avec une déférence qui semblait presque
de la vénération. Quant au nouveau moine, loin de se préva-
loir de sa science, il s'effaçait devant Herluin, le prévenait,
lui obéissait ponctuellement et le suppléait en expliquant à ses
frères les saintes Ecritures. Grâce à sa vieille expérience de la
vie féodale et militaire, Herluin savait courageusement défen-
dre son abbaye contre d'injustes entreprises; très au courant
des coutumes de son pays, il était pourvu de la prudence et de
la perspicacité nécessaires pour traiter utilement les affaires
temporelles. L'abbaye avait ainsi une direction complète.

Lanfranc passa trois ans ans, dit l'anonyme du Bec, dans

l'obscurité et le silence, dans les jeûnes et les veilles, se montrant le plus humble et le plus déférent d'entre ses frères,
toujours prêt à leur obéir, infatigable dans l'étude de l'Ecriture sainte, fidèle à sa vocation et surtout à l'accomplissement
de son vœu qui était d'apprendre à louer Dieu comme il le
mérite. Son biographe Miles Crespin nous a conservé
de lui un trait curieux qui prouve combien peu l'ancien professeur tenait à faire briller son savoir aux yeux de ses illettrés
confrères. Un jour qu'il faisait pendant le repas la lecture
accoutumée, celui qui présidait le reprit mal à propos, lui
ordonnant de prononcer *docére* au lieu de *docĕre*. Lanfranc
déféra humblement à l'ordre de son supérieur, montrant par
là qu'il attachait plus de prix à un acte d'obéissance religieuse
que d'importance à une faute de quantité. On le voit, dans
d'autres circonstances, se prêter avec une bonhomie char-
mante aux soins les plus vulgaires.

Cependant le renom de la science de Lanfranc avait franchi les murs de son cloître. L'obscurité qu'il avait cherchée
le fuyait. A cette époque où les docteurs étaient rares en Normandie, un tel savant ne pouvait demeurer ignoré. Vers l'année 1045, Lanfranc ouvrait une école claustrale où il ensei-
gnait aux jeunes religieux et aux oblats les lettres et la sainte
Ecriture. Dès que le bruit se fut répandu que le fameux professeur d'Avranches avait repris ses leçons, on vit accourir de
tous côtés des clercs, les fils des barons normands, de riches
laïcs et même les écolâtres les plus renommés; pour recevoir
toutes ces catégories d'écoliers, il fallut encore ouvrir une école
extérieure ou canonique. Selon Guillaume de Malmesbury,
l'école publique de Lanfranc n'aurait été fondée que par la
nécessité de pourvoir aux intérêts matériels de la communauté et de mettre un terme au dénuement des religieux. Quoi-
qu'il en soit, Lanfranc continua à donner tous ses soins à la
réforme de l'enseignement et des études, et fit de l'école du
Bec le centre intellectuel le plus considérable de la Normandie et même de la France.

C'est à cet endroit de la vie de Lanfranc que le biographe
Miles Crespin, parle pour la première fois des relations du
prieur du Bec avec le duc de Normandie. « Guillaume, dit-il,
prit Lanfranc pour son principal conseiller dans l'administra-
tion de son duché. »

Successivement vainqueur de Guy de Bourgogne et de la
ligue féodale normande, à la bataille du Val-des-Dunes,
en 1047, de Geoffroy Martel à Alençon et à Domfront, puis

du comte d'Eu, en 1049, Guillaume-le-Bâtard était à peu-près maître de la Normandie pacifiée. Cédant alors aux instances de ses barons qui le pressaient de s'assurer une descendance, et voulant, d'autre part, se créer un allié puissant et fidèle dans la personne de Beaudoin, comte de Flandre, il demanda en mariage sa fille Mathilde. Après la célébration des fiançailles qui se firent au château d'Eu, Guillaume couduisit sa future épouse à Rouen. Le duc n'ignorait pas qu'il contractait là une alliance à un degré prohibé par l'Eglise, car Mathilde était petite-fille de Richard II, duc de Normandie. Aussi, dès que le projet d'union avait été connu, le pape Léon IX, au concile de Reims tenu au mois d'octobre 1049, avait interdit aux deux parties, sous peine d'excommunication, de passer outre. Elles n'en tinrent aucun compte, car vers 1058, et probablement auparavant, le mariage était un fait accompli.

Or, le mariage du duc de Normandie et de Mathilde avait soulevé dans tout le clergé normand les plus énergiques protestations, et l'on en réclamait tout haut la dissolution. L'archevêque de Rouen, Mauger, excommunia les deux époux. Le pape Nicolas II qui ne pouvait demeurer étranger à ce débat, jeta l'interdit sur toute la province, et fit fermer les églises avec défense d'y célébrer solennellement les saints mystères.

Soit qu'il ait été officiellement consulté sur la question, soit qu'il n'ait fait, comme beaucoup d'autres, qu'exprimer son sentiment personnel sur l'illégitimité du mariage de Guillaume, le prieur du Bec n'avait pas hésité à se prononcer en faveur de la loi canonique et l'autorité du Saint-Siège. Cette opinion de Lanfranc, Guillaume la savait ; mais il ne trouvait pas là un motif suffisant d'éloigner de sa personne un homme aussi recommandable que Lanfranc et de se priver de ses lumières. Tout au plus conservait-il au fond du cœur une certaine amertume contre ce moine qui ne s'inclinait pas devant le fait accompli et dissimulait mal son blâme. Il y avait là une situation délicate que ne manquèrent pas d'exploiter des courtisans jaloux, entre autres certains chapelains de la cour ducale dont l'ignorance s'offusquait de la science et du prestige du prieur du Bec.

On l'a remarqué avec raison, Lanfranc ne s'était pas élevé si haut dans l'opinion sans faire des envieux. Pour les uns, il représentait la réforme monastique qui allait s'étendre au clergé séculier, et combattre à outrance les deux pires ennemis de la religion : l'ignorance et les mauvaises mœurs. D'autres ne pardonnaient pas à Lanfranc son penchant pour la raillerie, finesse tout italienne, souvent doublée d'une pointe acérée qui semblait d'autant plus piquante qu'elle s'attaquait à des hommes grossiers et violents, implacables dans leurs rancunes. Guillaume de Malmesbury raconte à ce sujet un épisode fort curieux qui projette une lumière inattendue sur les mœurs ecclésiastiques de la cour ducale. Un jour, pendant que le duc de Normandie était à Brionne, l'un de ses chapelains, nommé Herfast, vint au Bec, voir dans son gymnase fameux Lanfranc déjà entouré d'une foule d'écoliers tout fiers de leur science. Herfast était un homme d'assez courte intelligence, quoique un peu frotté de littérature. Il arriva, suivi d'une nombreuse escorte et d'un pompeux équipage. A peine eut-il commencé à parler, que Lanfranc vit qu'il ne savait à peu près rien, et pour toute réponse lui fit porter un des abécédaires que l'on mettait aux mains des enfants. Cette facétie à l'italienne, *italica facetia*, dit le chroniqueur, mit en fureur le chapelain qui retourna vers son maître et lui demanda vengeance.

Il est fort possible que cette aventure, ou quelque autre de ce genre, ait été la goutte d'eau qui fit déborder le vase. Pour frapper à coup sûr, le vindicatif chapelain ne manqua pas d'accentuer les griefs que Guillaume pouvait avoir contre Lanfranc, et de présenter sous des couleurs odieuses le jugement sévère que le prieur avait plus d'une fois exprimé sur l'union de Guillaume et de Mathilde.

Le duc de Normandie avait des accès de colère terribles : or, on avait frappé juste en mettant en jeu son orgueil. Un petit moine, qu'il honorait de son amitié et de sa confiance, osait censurer sa conduite et le montrer du doigt comme un incestueux! C'en était trop. Guillaume envoie dire à Lanfranc qu'il ait à quitter sur le champ le territoire de la Normandie, et comme si cette mesure rigoureuse ne suffisait pas à assouvir sa vengeance, il ordonne de mettre le feu à un bois dépendant de l'abbaye, qu'on appelait le Parc. Il fallut exécuter cet ordre barbare. Lanfranc fit à ses frères de douloureux adieux, puis il partit, suivi d'un seul serviteur, et monté sur un cheval boiteux, (c'était le meilleur que possédât le monastère). Mais voici que Lanfranc se croise en route avec le duc lui-même. Le vieux cheval du prieur, fléchissant les genoux à chaque pas, semblait saluer humblement Guillaume. En apercevant le duc, Lanfranc, fort de son innocence, sent qu'il va gagner sa cause si seulement il peut parler. D'abord, le duc détourne la tête; puis tout à coup son visage semble s'éclaircir; on dirait que

lui-même cherche un entretien; le prieur n'était pas homme
à laisser échapper une fortune aussi inattendue. L'italien, fa-
cétieux à ses heures, était un caractère énergique, aussi maître de sa parole que de ses sentiments; il n'hésite pas à trouver à son exode un côté plaisant. « C'est par votre ordre, seigneur duc, que je m'éloigne pas à pas, embarrassé de cette bête
à trois pattes. Si vous voulez que j'obéisse plus vite, donnez-
moi une monture meilleure. » Guillaume ne put s'empêcher
de sourire à cette boutade : « Ton crime n'est pas encore jugé
et tu oses me demander des faveurs! » Lanfranc demande et
obtient une audience; il n'a pas grand peine à renverser l'é-
chafaudage d'accusations que l'on avait dressé contre lui, et le
duc fut bien forcé de rendre son amitié à un homme d'esprit
si insinuant et si délié. Et comme, chez le rude Normand, les
bienfaits étaient aussi larges que les vengeances étaient terribles, il fit rendre immédiatement tous les biens dont il venait
d'ordonner la saisie et le pillage.

La nouvelle de la clémence inespérée de Guillaume avait
précédé le retour de Lanfranc. Aussitôt on chanta un *Te Deum*
d'actions de grâces. Herluin ne pouvait croire à son bonheur,
et ses craintes ne furent entièrement dissipées que lorsqu'il
put serrer dans ses bras son cher prieur.

Que s'était-il donc passé durant l'entretien de Lanfranc et
du duc de Normandie ? Les biographes n'en disent rien ; mais
par le résultat, il est facile de le deviner. On ne s'attarda guère
à récriminer : et s'il fut question du mariage ducal, ce fut pour
chercher des voies d'accommodement. Le maintien de l'interdit rendait la situation critique, et Guillaume, ne demandait
qu'à en sortir, tout en gardant les honneurs du combat. Cet
italien tout plein d'à-propos et de ressources pouvait lui être
d'un grand secours pour le tirer d'affaire. A l'occasion de sa
lutte théologique avec Bérenger, Lanfranc s'était rendu au
concile de Rome, et ses talents d'orateur et de dialecticien,
son orthodoxie éprouvée lui avaient valu les plus grands succès à la cour romaine. Guillaume ne pouvait mieux faire que
de charger un tel avocat de plaider sa cause. Lanfranc consen-
tit. En se voyant de plus près, les deux adversaires s'étaient
jugés dignes l'un de l'autre. Peut-être Lanfranc entrevoyait-il
les avantages immenses que l'Eglise, son abbaye, et lui-même
pourraient retirer de la réconciliation, opérée à temps, avec
un jeune prince que tout semblait convier aux plus hautes des-
tinées.

Peu de jours après, (c'était dans les premiers mois de 1059),

Lanfranc partait pour Rome. Il portait au pape Nicolas II l'assurance de la soumission du duc de Normandie. Guillaume promettait d'accepter la pénitence qui lui serait imposée, si le souverain pontife consentait à lui accorder les dispenses nécessaires à la ratification de son mariage. Admis en présence de Nicolas II, le prieur du Bec plaida chaleureusement la cause dont il s'était chargé. Il représenta au pape que l'interdit jeté sur la Normandie pesait uniquement, en réalité, sur ceux qui n'étaient pour rien dans l'affaire, qui n'avaient point fait le mariage et ne pouvaient davantage le défaire, car le duc ne voulait, à aucun prix, renvoyer la jeune épouse qu'il s'était choisie. A ces raisons que rapporte Miles Crespin, Lanfranc put en ajouter d'autres qui répondaient aux sentiments intimes du souverain Pontife. Guillaume était un prince avec lequel il fallait compter, brave, ambitieux, rusé, opiniâtre : le Saint-Siège pouvait, à un moment donné, faire alliance avec le duc de Normandie qui avait des chances de s'asseoir un jour sur le trône d'Angleterre, où l'appelait sa parenté avec le roi Edouard. Nicolas II ne pouvait méconnaître la justesse de ses observations; profitant des bonnes dispositions de Guillaume, il accorda la dispense sollicitée, à condition que le duc et sa femme feraient construire chacun un monastère, l'un de moines, l'autre de religieuses. C'est là l'origine des deux fameuses abbayes de Saint-Etienne et de la Sainte-Trinité de Caen.

Lanfranc quitta Rome après avoir réconcilié les deux souverains. L'importance du service rendu lui assurait désormais la première place dans les conseils du duc Guillaume. C'était surtout pour le règlement des choses d'église que Lanfranc pouvait être un conseiller utile; aussi, même avant la conquête de l'Angleterre, le duc ne traitait-il jamais une affaire importante sans prendre son avis.

Sa situation grandissante à la cour ducale n'empêcha pas Lanfranc de se dévouer tout entier à Herluin et à son abbaye. Le monastère reconstruit, ainsi qu'on l'a vu, à l'entrée de la vallée du Bec, devenait insuffisant pour recevoir les nombreux religieux qui se présentaient. « Les bâtiments, dit Miles Crespin, n'étaient plus assez spacieux pour le grand nombre des moines, et de plus, l'humidité du sol était fort malsaine. Lanfranc commença à presser vivement Herluin de construire un autre monastère sur de plus vastes proportions. » L'abbé s'y refusait, se rappelant les pénibles difficultés qui avaient marqué la translation de la communauté de Bonneville à l'entrée de la

vallée. Un jour, le chœur de l'église s'écroula ; Herluin crut
que c'était un avertissement du ciel, et céda enfin aux instances de son prieur. En remontant un peu le cours du ruisseau
du Bec, on rencontrait un sol moins humide : il fut décidé
qu'on élèverait là les nouvelles constructions. Cette translation définitive eut lieu vers l'année 1060.

Lanfranc doit être considéré comme le véritable promo-
teur de cette entreprise ; ce fut au prix de privations extrêmes
qu'elle put être réalisée. Il arriva plusieurs fois que la semaine
entière se passait en travaux sans que l'on eût de quoi payer
les ouvriers ; mais l'heure de la solde arrivée, la Providence
ménageait les moyens de l'acquitter. Pendant la durée de la
construction, il n'y eut aucune suspension de travaux, soit à
cause du manque de matériaux, soit par pénurie d'argent pour
payer les ouvriers. En trois années, les bâtiments claustraux
furent achevés ; seule, l'église restait à terminer.

C'était Lanfranc qui avait forcé Herluin à transférer son
monastère et à le rebâtir sur de beaucoup plus vastes proportions ; il se crut obligé de procurer lui-même une partie des
moyens de subvenir aux dépenses. De l'assentiment de son
abbé, dit Miles Crespin, il reprit son enseignement dans l'école du Bec. Bien que la science ne se vendît pas dans les
mónastères, de riches seigneurs, dont les enfants étaient reçus
à l'école de Lanfranc, faisaient d'importantes donations, en
témoignage de leur estime pour le prieur. Lanfranc remettait
toutes ces sommes à son abbé, et grâce à ces ressources, le
monastère put s'élever et se terminer.

Le passage suivant d'Ordéric Vital, un peu exagéré, sans
doute, mais qui n'est que l'écho des sentiments du clergé au
xiie siècle, suffit pour expliquer l'espèce de fascination qu'exerçait Lanfranc sur ces contemporains : « Pour apprécier le
talent et le génie de Lanfranc, il faudrait être Hérodien dans
la grammaire, Aristote dans la dialectique, Cicéron dans la
rhétorique, Augustin et Jérôme et quelques autres docteurs
de la loi et de la grâce dans les saintes Ecritures. Lorsqu'Athè-
nes était florissante et se faisait remarquer par l'excellence de
ses institutions, elle eût honoré Lanfranc en tout genre
d'éloquence et d'étude, et elle eût désiré s'instruire en écou-
tant ses sages leçons. »

Dans les premiers mois de l'année 1060, un jeune homme
frappait à la porte de l'abbaye. Ce n'était point un passant
vulgaire venant demander le pain de l'aumône ; celui-là cher-
chait le pain de l'intelligence.

Anselme, c'était son nom, était né à Aoste, en 1o33, d'une famille noble et riche. De bonne heure il se livra à l'étude. Ayant perdu sa pieuse mère Ermenberge, avant d'avoir atteint sa vingtième année, en butte à la haine inexplicable de son père Gondulf, Anselme prit le parti de s'expatrier.

Après s'être arrêté quelque temps en Bourgogne, Anselme passa en France où il demeura trois ans, puis il prit le chemin de la Normandie. Quel itinéraire fut le sien ? Quelles stations fit-il? Combien de temps durèrent-elles? On l'ignore. On sait seulement qu'il s'arrêta quelque temps à Avranches, où il se lia d'amitié avec Hugues le Loup, comte de cette ville. « A cette époque, on parlait beaucoup en Normandie de la nouvelle abbaye du Bec et de son école. Comme le goût de la vie mondaine n'avait point étouffé dans l'âme d'Anselme l'amour de la science, il résolut d'aller la puiser à cette école dont l'éloge était dans toutes les bouches. Il avait alors vingt-six ans, et il venait de passer loin de Dieu les six plus belles années de sa vie. Ces six années cependant ne lui avaient pas été inutiles ; elles lui avaient appris à connaître le monde et à le mépriser. Il commençait à être fatigué de ses agitations, dégoûté de ses plaisirs, et plus encore blessé de ses injustices. Il entrait à l'école du Bec, le cœur meurtri, comme un soldat revient blessé du combat ; et s'il n'apportait pas dans cette solitude le désir de s'y ensevelir pour toujours, il s'y retirait du moins moins avec un besoin de calme et de paix qui, pour devenir l'une des plus précieuses vertus monastiques, ne demandait qu'à être tranformé par la prière et l'amour. » (Le P. Ragey).

L'école du Bec, on l'a vu, admettait des étudiants laïques ; Anselme se mêla à leurs rangs et prit immédiatement la première place. Tous ces jeunes gens que l'amour de la science avait attirés de tous les coins de l'Europe autour de la chaire de Lanfranc, admiraient tout haut l'étonnante pénétration d'Anselme ; plusieurs se firent ses élèves. Le maître lui-même se prit bientôt à l'aimer, et l'admit dans son intimité plus avant que tous les autres. Il s'émerveillait des progrès de cette puissante intelligence, et sans plus attendre, de ce disciple il fit un maître, et se déchargea sur lui d'une partie de son enseignement.

Lorsque le duc de Normandie eut achevé la construction de l'abbaye de Saint-Etienne de Caen. Il voulut mettre à sa tête un religieux d'un mérite incontesté. Cet homme n'était pas difficile à trouver, le duc l'avait sous la main ; c'était Lanfranc, que depuis son retour de Rome il regardait comme son conseiller le plus sûr et le plus dévoué, à tel point que Guillaume de Poitiers a pu dire « que le duc de Normandie le vénérait comme un père, le respectait comme un maître, l'aimait comme un frère ou un fils; il lui avait confié le conseil de son âme, le considérant comme un miroir fidèle dans lequel il voyait ce qu'il avait à faire pour le bien de l'ordre ecclésiastique en Normandie. » Lanfranc partit donc, en 1063, pour Saint-Etienne de Caen.

Herluin ne voyait pas, sans une douleur profonde, son fils bien-aimé quitter le monastère du Bec qui lui devait sa renommée et sa prospérité.

Et puis, Lanfranc ne partait pas seul. Afin de former un petit noyau de communauté et de transporter à Saint-Etienne les pieuses traditions et le bon esprit du Bec, il avait obtenu d'Herluin la permission d'emmener avec lui quelques uns de ses religieux les plus exemplaires. Lanfranc leur adjoignit encore quelques uns de ses élèves, parmi lesquels se trouvait le futur archevêque de Rouen, Guillaume Bonne-Ame. Une chose, pourtant, tempérait l'amertume des regrets d'Herluin. Le disciple préféré du maître, Anselme, n'était-il pas apte à lui succéder non-seulement dans les fonctions d'écolâtre qu'il partageait avec lui depuis quelque temps, mais dans celles de prieur, pour lesquelles sa piété profonde, l'austérité de sa vie, la douceur de son caractère le désignaient de l'aveu de tous? Aussi l'abbé n'hésita pas à conférer à Anselme, malgré sa jeunesse, la charge importante de prieur claustral.

Depuis sa nomination au siège de Cantorbéry, Lanfranc était resté en correspondance suivie avec Anselme. Le prieur du Bec éprouvait bien une joie réelle en voyant l'insigne honneur fait à son ancien maître; mais cette fois, la séparation allait être définitive. « Les regrets que m'inspire votre absence vont toujours croissant, et l'affection que vous avez pu lire autrefois dans mon âme ne diminue jamais. » De son côté, Lanfranc ne cessait de témoigner à Anselme une vive amitié et une entière confiance. Rongé de soucis, parfois découragé, souvent abreuvé d'amertumes soit de la part du clergé anglo-saxon, soit de la part du roi dont les instincts despotiques avaient grandi en même temps que la puissance, l'archevêque de Cantorbéry se plaisait à répandre son âme dans le cœur de son ami, et à chercher dans la rectitude et la charité de ses conseils un encouragement et un appui.

Herluin n'avait pas la même facilité pour s'entretenir avec ses enfants, les moines du Bec, qui avaient franchi le détroit à la suite de l'archevêque. Il voulait surtout revoir Lanfranc, qui était pour lui un sujet de naïf et saint orgueil. Il était fier de lui comme un père l'est de son fils. Aussi ne recula-t-il pas, malgré sa vieillesse, devant le voyage d'Angleterre afin de jouir du bonheur de revoir ce cher fils dans tout l'éclat de la dignité primatiale.

Miles Crespin a ainsi raconté le séjour d'Herluin à Cantorbéry. Lanfranc l'accueillit avec des marques extraordinaires de respect. « Lui, le primat d'Angleterre, il se soumettait comme un simple moine à celui qui avait été autrefois son abbé; il lui donnait la première place, sauf pour les solennités de la messe, et ne recevait rien de lui sans lui baiser la main, à moins que l'abbé ne la retirât bien vite. Herluin occupait partout un siège plus élevé que celui des autres. Tout se faisait par ses ordres. Un autre avait le titre, lui avait l'autorité du maître. Plus la compagnie était nombreuse, plus Lanfranc redoublait, en présence de tous, ses marques de considération. Chacun s'en étonnait, surtout les Anglais, qui ne comprenaient pas qu'il pût exister un homme pour lequel un archevêque de Cantorbéry montrât une telle déférence. L'abbé du Bec aurait voulu, de son côté, rendre à Lanfranc les honneurs que sa haute dignité réclamait, mais l'archevêque ne le lui permettait pas. »

Enfin, le cœur tout joyeux d'avoir revu son ancien prieur, celui à qui, après Dieu, il devait l'accroissement et la prospérité de sa chère abbaye, Herluin dut songer au retour. Parti de Douvres, il débarqua à Wissant, près de Boulogne, après une heureuse traversée.

Chétive et peu nombreuse à ses débuts, la communauté du Bec s'éleva, du vivant même d'Herluin, à un chiffre considérable. Cent quatre-vingt-quatre moines firent profession de son temps. Sentant que sa tâche était finie, il était prêt à partir. Tous ses vœux étaient réalisés, sauf un, cependant. Herluin demandait à Dieu, avec larmes, la grâce de voir, avant de mourir, consacrer l'église de son monastère par celui-là même qui lui avait conseillé de la faire construire, son bien-aimé Lanfranc.

Près de quatre années devaient s'écouler encore avant qu'Herluin vît la réalisation de son suprême désir. Enfin, ce jour si impatiemment désiré arriva. Vers le mois d'août 1077, Lanfranc fut obligé de se rendre, pour des affaires importantes, auprès du roi qui se trouvait alors en Normandie. Il voulut que sa première visite fût pour sa chère abbaye du Bec.

Arrivé au sommet de la colline qui domine la vallée du Bec, Lanfranc ôta son anneau épiscopal et ne le reprit, durant son séjour, que pour célébrer les saints mystères. Cependant, Herluin et ses religieux s'étaient mis en route pour aller au-devant du prélat. Dès qu'il aperçut le vénérable abbé tout courbé par la vieillesse, l'archevêque, plus agile, courut pour se prosterner à ses pieds, mais l'abbé ne le permit pas et voulut se prosterner lui-même. Pendant quelques instants, ce fut entre eux un touchant combat d'humilité; à la fin, ils se jetèrent dans les bras l'un de l'autre et s'embrassèrent à plusieurs reprises. Lorsqu'on fut entré dans le monastère, le prélat réunit les moines dans le cloître et s'assit au milieu d'eux, tint à parler à tous, s'adressant aux anciens qu'il avait connus autrefois, aux jeunes, même aux enfants, ayant une parole bienveillante pour chacun d'eux. Au réfectoire, l'archevêque refusa toute distinction, fit asseoir les religieux à sa droite et à sa gauche et prit au plat commun. A l'église, même simplicité; il défendit qu'on lui préparât un trône, et alla s'asseoir dans la stalle du prieur, disant qu'au Bec il était toujours prieur, puisqu'il n'y avait jamais exercé d'autre fonction.

Enfin, le 23 octobre 1077 eut lieu la dédicace de l'église. Etaient présents, avec l'archevêque de Cantorbéry, Eudes, évêque de Bayeux, Gilbert la Grue, évêque d'Evreux, Gilbert Maminot, évêque de Lisieux, Robert, évêque de Séez, Arnaud, évêque du Mans, avec une multitude d'abbés, de clercs, de barons, de seigneurs et de nobles dames, venus de Normandie, de France et même d'Angleterre. Il faut lire dans les chroniqueurs contemporains le récit de ces fêtes magnifiques où se trouvait réunie l'élite du clergé et de la noblesse, ainsi qu'une foule immense de peuple.

Deux jours après la dédicace de l'église, Lanfranc prit congé de la communauté; tous les religieux pleuraient. L'archevêque brusqua son départ; ces sanglots et ces adieux répétés l'attendrissaient, et il espérait que, lui parti, cette explosion de regrets s'apaiserait. Herluin voulut encore s'entretenir quelques heures avec celui de tous les mortels qu'il avait le plus aimé, et il accompagna, jusqu'à une distance de deux milles, son ami qu'il ne devait plus revoir en ce monde. Quand il sentit que ses forces l'abandonnaient entièrement et qu'il fallait s'arrêter, il se jeta au cou de Lanfranc et le tint longtemps embrassé, ayant grand'peine à retenir ses larmes dans cet adieu suprême.

Depuis ce jour, Herluin perdit entièrement l'usage de ses membres et languit jusqu'au mois d'août de l'année suivante. Après avoir reçu, dans les sentiments de la piété la plus profonde, les sacrements de l'Eglise, il mourut le 26 août 1078.

Le nom d'Herluin a souffert, aux yeux de la postérité, d'un rapprochement trop étroit avec ceux de Lanfranc et de saint Anselme. Le rôle religieux et politique de l'un, la science et l'éminente sainteté de l'autre, ont absorbé dans leur puissant rayonnement l'éclat plus voilé des vertus du fondateur du Bec. Et pourtant, Herluin est une des plus grandes figures monastiques du moyen âge; il y a dans toute sa vie je ne sais quoi d'attachant, de naïf et de fort qui commande l'admiration. A l'âge de quarante ans, ce soldat de mœurs moins brutales et plus pures que ses compagnons d'armes, mais aussi illettré qu'eux, prend le parti de se faire moine, sans avoir jamais franchi la porte d'un monastère, sans savoir même en quoi consistent les multiples et rigoureuses obligations de la discipline monastique. Pour mieux parvenir à son but, il se met à étudier avec ardeur les éléments des lettres, à lire la sainte Ecriture et la règle de saint Benoît; et quand il se sent prêt à exécuter son dessein, au lieu d'entrer dans l'une des abbayes de son voisinage, à Bernay, à Saint-Taurin, à Saint-Ouen ou à Jumièges, il s'en va avec sa vieille mère et quelques-uns de ses compagnons, animés comme lui du désir d'une vie de prière et de sacrifice, s'établir dans son pauvre domaine patrimonial, sur la lisière d'une forêt hantée par les sangliers et les loups; et c'est de cette Thébaïde improvisée que sortira l'une des plus célèbres abbayes de la chrétienté.

Certes, Herluin était loin de prévoir ce brillant avenir, que rien absolument ne faisait alors présager. Sa foi profonde, sa confiance en Dieu, son héroïque pénitence n'en sont que plus admirables. L'abnégation et le désintéressement étaient à la base de son entreprise : Dieu devait la bénir. L'abbé du Bec était d'un caractère énergique et calme, et son âme droite ne s'effraya jamais des difficultés de la route. Lorsque le nombre de ses religieux se fut considérablement accru jusqu'à dépasser la centaine, on le retrouva toujours ce qu'il avait été à ses débuts, simple, accueillant, humble, tempérant une sévérité naturelle par une charité et une chaleur de cœur qui touchait les plus endurcis. Sous une écorce un peu rude, il cachait une bonté franche, une tendresse délicate, un dévouement sans bornes. Lorsqu'il était encore dans le monde, son plus grand

bonheur était de réunir les pauvres et de leur faire d'abondantes aumônes. On ne peut lire, sans se sentir remué, ses
adieux à Lanfranc lorsqu'ils se quittent pour ne plus se revoir.
A son lit de mort, la désolation et les larmes de ses religieux
réunis autour de lui brisent son âme défaillante, et il ne peut
demeurer le témoin impassible de la douleur d'autrui. Mais
cette sensibilité affectueuse se doublait d'une force de volonté
à toute épreuve, et d'un sens pratique d'une rare justesse.
Maintenir intacte la discipline régulière, faire régner le bon
ordre, la paix claustrale au sein de sa nombreuse communauté : tel était le grand souci d'Herluin, on pourrait dire
son unique préoccupation. Il ne fut pas ce qu'on appelle un
mystique, et Dieu ne le conduisit pas par les voies extraordinaires. L'amour de la prière et du travail des mains,
l'accomplissement ponctuel de la règle, la pratique de toutes
les vertus chrétiennes, surtout de celles qui soutiennent et
consolent le prochain : tels furent les traits principaux de la
piété d'Herluin. Toute sa vie, il se plut à marcher dans les
sentiers battus de la vie monastique; son humilité se fût
troublée sur les hauteurs. Mais dans cette existence tout
ordinaire en apparence, on sent l'action continue de la grâce,
une piété rare, la foi agissante, l'ardente charité qui fait les
justes et les saints.

Dieu voulut, dès cette vie, accorder une insigne récom-
pense à ce serviteur simple et bon, en le constituant le père
spirituel et le maître des deux plus grands génies du xi⁰ siècle.
Presque aux débuts de sa vie monastique, Herluin verra cette
chose étonnante : la Providence amener comme par la main,
dans son abbaye chétive et ignorée, deux italiens, deux émi-
nents docteurs, qui lui demanderont l'habit religieux et la
faveur de s'incliner sous son autorité et de lui obéir comme à
leur père. Le premier franchira les plus hauts degrés de la
hiérarchie, et ira s'asseoir sur le trône primatial de l'Angleterre; le second, qui lui succèdera, fera du Bec la plus
célèbre école de l'Occident; et lui, l'ancien soldat devenu
moine, l'ancien vassal parfois mal traité du comte de Brionne,
il se verra le chef aimé et respecté d'une véritable armée de
religieux qui porteront en Normandie, en France, en Angleterre, en Allemagne, en Italie, jusque sur le trône des pontifes
romains, la renommée des austères vertus de leur abbé et du
succès inouï de son œuvre.

I I

En vous racontant les origines d'une illustre abbaye normande, j'ai voulu simplement vous montrer, Messieurs, combien notre diocèse d'Evreux est riche en souvenirs historiques; car l'abbaye du Bec n'est qu'une portion de ce vaste champ du passé que je vous convie à étudier, et dont il reste à écrire l'histoire.

Mais avant de terminer, je voudrais appeler votre attention sur quelques considérations plus générales qui sont, j'en suis persuadé, de nature à mériter vos plus sérieuses réflexions.

Vos maîtres vous enseignent, avec une haute compétence, la philosophie, la théologie, l'Ecriture sainte, le droit canonique, la prédication et la liturgie. Ces sciences constituent, permettez-moi cette expression vulgaire, l'outillage indispensable du prêtre, et le mettent à même de remplir dignement et utilement son ministère.

Mais à toutes ces sciences, il est opportun de joindre l'étude de l'archéologie sacrée avec ses extensions naturelles : l'histoire locale, la paléographie ou étude des vieilles écritures et inscriptions, l'iconographie, l'histoire de l'art, etc.

Un éminent évêque, Mgr Turinaz, écrivait à son clergé : « L'archéologie est intimement liée à l'étude de l'histoire ecclésiastique, de la liturgie et de la théologie. Ces sciences s'éclairent et se complètent. Et, de même que l'architecture, la sculpture et la peinture chrétienne doivent se soumettre aux principes de la doctrine et aux règles du culte : de même sans la connaissance de la liturgie et de la théologie du moyen âge, les plus beaux monuments de l'art chrétien ne peuvent être compris. L'archéologie est donc le couronnement des sciences sacrées; et nous ne doutons pas que nos universités catholiques qui pourront arriver à être complètes, ne possèdent des chaires d'archéologie et même une école de beaux-arts enseignés au point de vue chrétien. Aucune étude ne nous paraît donc offrir au clergé plus d'utilité et plus d'attrait, s'il l'accepte comme un délassement au milieu des études plus ardues, et comme une diversion aux travaux du ministère. »

Je suis bien aise de pouvoir m'appuyer sur une autorité aussi respectable pour développer quelques unes des raisons qui militent en faveur de l'archéologie chrétienne.

Et d'abord, Messieurs, cette science est très utile au prêtre pour contrôler, et diriger au besoin les divers travaux qui se font dans les églises. Vous me direz : Il y a l'architecte qui donne les plans, il y a l'entrepreneur, le sculpteur qui savent leur métier ; on peut donc s'en rapporter à eux.

Assurément, quand il s'agit d'une église importante, surtout d'un monument classé comme historique, les architectes qui ont à s'en occuper sont des maîtres formés à bonne école; et en dépit des lenteurs de l'exécution, ou de certaines défectuosités pratiques, leurs œuvres sont extrêmement remarquables tant au point de vue de la connaissance des styles que du sentiment archéologique : les restaurations de la cathédrale d'Evreux, des églises des Andelys et de Conches en sont la preuve.

Mais lorsqu'il s'agit d'une simple église rurale, ou d'une église de canton, l'architecte n'est point ordinairement doublé d'un archéologue : c'est un agent-voyer, un architecte municipal, certainement plus habitué à construire des ponts, des usines, des écoles et des mairies qu'à restaurer des églises du xv⁰ ou du xvi⁰ siècle. Il faudrait donc qu'un curé pût préalablement discuter les plans et projets de ces architectes improvisés; qu'il fût à même d'empêcher ces monstrueux alliages de styles roman ou gothique et de style bourgeois qui déshonorent tant d'églises dans notre diocèse; en un mot, qu'il sût lui-même quels défauts on doit éviter, quelles règles il convient d'observer dans la restauration ou la construction d'un monument chrétien. « Il est surtout à désirer, dit Mgr Turinaz, qu'il soit capable d'apprécier la valeur et l'opportunité des travaux, et qu'il sache placer selon les règles de l'Eglise et les principes d'un goût éclairé les meubles destinés aux cérémonies du culte et aux fonctions sacerdotales. »

Et en effet, ces notions archéologiques qui permettent de discerner les styles d'architecture, il les faut encore pour doter une église de l'ameublement liturgique qui lui convient.

Que de braves curés pour lesquels la question d'art n'existe pas! pour lesquels il demeure indifférent qu'un objet se fasse ou non remarquer par la beauté des lignes, la proportion et l'harmonie de l'ensemble, la qualité et la solidité de la matière! Pour ces excellents confrères, des boiseries peintes en marbre, des chandeliers en zinc doré d'un roman baroque ou d'un gothique de pendule, un lutrin en fonte de fer, des statues de carton-pierre, des vitraux grotesques, pourvu qu'ils flambent à l'œil, seront l'objet de leurs étranges préférences.

Il en est d'autres que les grands rétables à colonnes de l'époque Louis XIV ont le don d'offusquer ; comme ils les troqueraient volontiers pour un autel gothique au goût du jour, c'est-à-dire pour une contrefaçon du goût le plus faux et le plus prétentieux !

Ceux-là n'aiment et n'apprécient que le neuf. Il y a bien dans un coin de leur église, dans une chapelle obscure, une belle statue du xv⁰ ou du xvi⁰ siècle, voire même du xvii⁰ siècle, un lutrin de la Renaissance, de curieux flambeaux de cuivre ciselé (je connais pourtant un curé de mes amis, un archéologue, qui a sauvé du brocanteur ceux de son église), un tableau de dévotion dû au pinceau de quelque artiste normand, d'antiques chapes brodées. Un beau jour, quelque touriste archéologue, un peu enthousiaste, peut-être, tombe en arrêt devant le tableau, le lutrin ou les chapes. « Mais, Monsieur le curé, savez-vous que votre église possède là une vraie merveille ? Comment la laissez-vous dans la poussière ; elle mériterait une meilleure place ! » — « Oh ! croyez-vous que ce soit si précieux que cela ? C'est vieux, voilà tout ! »

Mais l'admiration du touriste a fait vibrer certaines fibres du curé ; il suppute la valeur marchande de l'objet, et il se dit qu'avec une centaine de francs il pourra acheter de belles fleurs en papier ou en plumes, un lustre de zinc doré, ou un bon saint de plâtre peint. Quelque brocanteur passe à propos, et voilà comment il arrive que certaines de nos églises autrefois si riches, si intéressantes par les œuvres d'art léguées par la piété des siècles, sont aujourd'hui en partie dépouillées par la faute même de ceux qui en ont la garde. Vous me trouvez peut-être sévère, Messieurs ; ce que je vous dis là se rapporte à des faits que je connais, à des noms que je pourrais citer.

On s'aperçoit surtout de l'extrême indigence du mobilier artistique de nos églises de France quand on le compare à celles de la Belgique, de l'Allemagne ou de l'Italie. Sans doute, la Révolution a fait bien des ruines, a jeté au creuset bien des reliquaires et des châsses ; mais quelle multitude de calices, de ciboires, de monstrances, de broderies, de guipures, d'ornements de toute sorte avait survécu à la tourmente révolutionnaire ! Qui pourrait dire le nombre d'objets de provenance religieuse qui se voient aujourd'hui dans les vitrines des musées et dans les collections d'amateurs ? Je ne crains pas d'affirmer que l'immense majorité de ces objets, souvent très précieux, est sortie de nos églises françaises depuis le rétablissement du culte catholique, et qu'elle n'a passé aux mains des brocanteurs et des juifs que grâce à l'ignorance archéologique du clergé qui dédaignait ces vieilleries.

Messieurs, je vous avoue que j'ai été profondément humilié, lorsqu'en visitant les riches trésors des églises d'Allemagne et de Belgique, je me disais qu'en France il y en avait eu jadis autant, sinon davantage, mais que tous ces trésors n'étaient plus à leur vraie place, et qu'il fallait, pour les voir aujourd'hui, aller à Cluny, aux Arts décoratifs, au Louvre et même chez le baron Alphonse de Rothschild.

Et c'est ainsi que le clergé français, accoutumé dès sa jeunesse à vivre dans des églises souvent remarquables par leur architecture, mais pauvres en œuvres artistiques, dépouillées de leur vieux mobilier, a longtemps vécu étranger à toute idée d'art et de beauté. Célébrant la messe avec des chasubles dont la forme rappelle celle d'un coléoptère que je ne veux pas nommer, habitués à n'avoir sous les yeux que des chandeliers, des croix, des lustres, des bénitiers, des encensoirs d'un style invraisemblable et d'une banalité tellement commerciale que les modèles s'en reproduisent indéfiniment chez les marchands de la rue Saint-Sulpice et d'ailleurs, depuis le règne de Louis-Philippe, beaucoup de membres du clergé, que le zèle de la maison de Dieu dévore plus qu'il ne les éclaire, sont arrivés à se persuader que c'était là vraiment le type du mobilier liturgique, et dans leur candeur naïve, ils continuent à se fournir chez des négociants plus ou moins chrétiens, à coup sûr nullement artistes ; et c'est ainsi qu'a pu se perpétuer jusqu'à nos jours cette tradition d'un art soi-disant chrétien dont les prospectus venant du nord et du midi, surtout du midi, nous inondent périodiquement de leurs modèles polychromés et dorés du goût le plus faux et de la fabrication la plus inférieure. Il va sans dire que je parle des objets de commerce courant. Quand on le demande et qu'on y met le prix, les orfèvres français font des merveilles.

Messieurs, examinez, étudiez les modèles d'orfèvrerie religieuse qu'il convient d'adopter, dans les ouvrages de Caumont de Didron, de Viollet le Duc, des abbés Reusens et Mallet, dans les Recueils artistiques du baron Béthune qui a fondé en Belgique l'Ecole de Saint-Luc ; là vous sera révélé comment dans les siècles passés et dans le nôtre on a pu et l'on peut encore unir à la beauté, à l'harmonie des lignes, l'adaptation vraie et commode du mobilier de nos églises.

A l'étude de l'archéologie proprement dite peut s'ajouter celle de l'histoire ecclésiastique locale, c'est-à-dire qui se rapporte au diocèse, aux institutions monastiques, aux églises paroissiales, aux confréries, aux écoles.

Cette partie de l'histoire demeure un peu trop dans l'ombre; elle est pourtant comme le corollaire obligé de l'histoire générale. On ferait volontiers l'énumération des conciles généraux et de leurs canons; on connaît le nom de tous les hérésiarques et leurs doctrines; on sait par le menu ce qui s'est passé à Rome, à Constantinople, à Ravenne, à Milan, à Trèves, à Paris; cela est juste, car rien de ce qui touche à l'Eglise catholique ne nous doit être étranger. Mais si nous sommes catholiques, nous sommes français, nous sommes normands, nous appartenons au diocèse d'Evreux; et ce diocèse a une histoire, qui, par son épiscopat, ses monastères, ses paroisses, ses monuments religieux remonte à une antiquité vénérable.

Ces évêques qui, à travers les siècles, ont prêché à nos pères la foi catholique, qui l'ont parfois scellée de leur sang, nous sommes-nous seulement préoccupés de connaître leurs noms, leur patrie, leurs œuvres apostoliques, leurs écrits?

Le diocèse d'Evreux était autrefois couvert d'abbayes dont quelques-unes remontaient à l'époque mérovingienne ou carlovingienne : Saint-Taurin, La Croix-Saint-Leufroy, Saint-Samson, Bernay, Préaux, Le Bec, Cormeilles, Lyre, Ivry, Conches, Mortemer, Bonport, Le Breuil-Benoît. Dans plusieurs de ces monastères existaient des bibliothèques où tout le savoir humain était comme conservé en dépôt, des écoles où des moines l'enseignaient à des foules d'écoliers. Les archives nationales et départementales, les bibliothèques renferment aujourd'hui tous les matériaux qui pourraient servir à reconstituer l'histoire de ces monastères, à l'écrire. Ce serait un acte de justice et de reconnaissance à remplir; y avons-nous jamais songé?

Les sacristies des églises, les greffes des mairies conservent en assez grand nombre des registres de catholicité, des délibérations d'assemblées paroissiales, des comptes de recettes et de dépenses de la fabrique; les charités ont souvent des registres qui remontent au xvie ou au xviie siècle, il y a là matière à d'utiles investigations; tout cela aiderait à faire un tableau de la vie paroissiale d'autrefois? Pourquoi ne les lit-on pas? Pourquoi nos regards sont-ils uniquement tournés vers le présent et l'avenir?

En voici peut-être la raison. Nous entrons ordinairement dans la carrière de la vie active comme si tout ne commençait qu'avec nous-mêmes et ne datait que de nos souvenirs d'enfance. Ce qui nous a précédé, le passé, est pour nous comme un livre clos que nous ne daignons ni ouvrir ni feuilleter. Et pourtant, Messieurs, le prêtre est essentiellement l'homme de la tradition; il n'a raison d'être que parce qu'il continue le sacerdoce éternel de Jésus-Christ; il est l'anneau d'une chaîne, il est une maille de cette immense trame qui l'unit non seulement à son évêque d'aujourd'hui, mais encore le rattache aux traditions et aux souvenirs qu'ont laissés les vieux pontifes, l'ancien clergé du diocèse d'Evreux. Le sol qu'il habite, la paroisse qu'il évangélise, l'antique église où il dit la messe, tout lui parle du passé, tout lui crie qu'avant lui d'autres prêtres ont prêché l'Evangile, d'autres fidèles ont prié, d'autres évêques ont parcouru les mêmes chemins durant des siècles, depuis le jour où saint Taurin vint le premier apporter la bonne nouvelle. Eh bien! messieurs, c'est ce passé, auquel il appartient même quand il semble l'oublier, que le prêtre doit étudier et connaître, sous peine d'être comme un étranger dans son propre pays, dans son propre diocèse.

Lorsqu'on a vingt ans, on se figure malaisément que l'on pourra vieillir. Un séminariste envisage surtout le moment où, quittant le séminaire après l'ordination, il sera envoyé vicaire dans un chef-lieu d'arrondissement ou de canton; et je mets en fait que bien peu d'entre vous ont arrêté leur pensée sur le temps où ils deviendront curés de campagne. Et cependant, messieurs, c'est ce qui attend les huit dixièmes d'entre vous. Tout le monde ne peut être archiprêtre ou doyen. Donc, dans cinq ans, dans dix ans, vous serez curés d'une paroisse rurale. Vos exercices de piété, votre ministère des malades, vos catéchismes, la préparation de vos instructions et de vos conférences vous prendront la meilleure partie de votre temps. Mais il n'en est pas moins vrai que souvent vous aurez des loisirs, et beaucoup de loisirs. Comment les occuperez-vous? Le loisir est le plus souvent un temps d'ennui, et un prêtre intelligent ne peut demeurer oisif.

Messieurs, il est un moyen d'éviter l'ennui : c'est de travailler, c'est d'étudier, c'est d'avoir devant soi, et comme sous la main, une étude spéciale qui plaise, qui attache, qui absorbe. Il conviendra sans doute de consulter ses aptitudes personnelles; l'un fera de la théologie pastorale, un autre de la science sociale, un autre de la botanique ou de la géologie, un autre de l'horticulture perfectionnée. Laissez-moi vous conseiller l'étude de l'histoire ecclésiastique locale, elle est à la portée de tous. A mesure qu'on s'y livre, on y prend goût, parce que les obscurités du début font bientôt place à des notions plus exactes et plus nettes; le passé jusque-là peu intelligible se dévoile et se dessine dans son véritable cadre, avec ses mœurs, ses usages, ses défauts et ses qualités. En voyant ce qui se faisait il y a cent ans, deux cents ans et plus, nous sommes moins étonnés de voir ce qui se passe aujourd'hui sous nos yeux : *nil sub sole novum.* Et cette étude du passé peut bien n'être point infructueuse, car il est souvent à propos de lui demander des leçons pour se conduire dans le présent. *Historia magistra vitæ*, a dit Cicéron.

Donc, Messieurs, poursuivez avec ardeur et persévérance l'étude de l'archéologie sacrée et de l'histoire ecclésiastique locale dont vous aurez appris les éléments au séminaire; ce faisant, vous n'aurez pas l'humiliation, vous ecclésiastiques, vous prêtres, de laisser à d'autres le soin et le privilège d'expliquer le symbolisme de vos églises, leur vitraux, leurs sculptures, leurs tableaux; et quand vous serez curés de campagne, vous serez heureux d'avoir, pour utiliser vos longs loisirs, la ressource d'une étude agréable, très ecclésiastique, au fond peu fatigante; et c'est avec reconnaissance que vous pourrez redire comme le psalmiste, quoique dans un sens un peu différent : *In ecclesiis benedicam te, Domine.*

www.ingramcontent.com/pod-product-compliance
Ingram Content Group UK Ltd.
Pitfield, Milton Keynes, MK11 3LW, UK
UKHW022236070726
13613UKWH00004B/1969